Minhas orações

PADRE PIO

Minhas orações

Organização de Olimpia Cavallo

Paulinas

Dados Internacionais de Catalogação na Publicação (CIP)
(Câmara Brasileira do Livro, SP, Brasil)

Pio, de Pietrelcina, 1887-1968.
  Padre Pio : minhas orações / tradução José Bortolini. – 4. ed. – São Paulo : Paulinas, 2013.

  Título original: Padre Pio : le mie preghiere
  ISBN 978-85-356-3541-6
  ISBN 88-315-2339-2 (ed. original)

  1. Espiritualidade 2. Orações 3. Pio, de Pietrelcina, padre, 1887-1968 I. Título.

13-06002   CDD-248.32

Índice para catálogo sistemático:

1. Oração : Cristianismo   248.32

Paoline Editoriale Libri
© Figlie di San Paolo – Via Francesco Albani, 21
20149 – Milano

4ª edição – 2013
9ª reimpressão – 2025

Direção-geral: Flávia Reginatto
Editora responsável: Andréia Schweitzer
Tradução: José Bortolini
Copidesque: Simone Rezende
Coordenação de revisão: Marina Mendonça
Revisão: Ruth Mitzuie Kluska
Assistente de arte: Sandra Braga
Gerente de produção: Felício Calegaro Neto
Projeto gráfico: Manuel Rebelato Miramontes

Nenhuma parte desta obra poderá ser reproduzida ou transmitida por qualquer forma e/ou quaisquer meios (eletrônico ou mecânico, incluindo fotocópia e gravação) ou arquivada em qualquer sistema ou banco de dados sem permissão escrita da Editora. Direitos reservados.

Paulinas

Rua Dona Inácia Uchoa, 62
04110-020 – São Paulo – SP (Brasil)
Tel.: (11) 2125-3500
paulinas.com.br – editora@paulinas.com.br
Telemarketing e SAC: 0800-7010081

© Pia Sociedade Filhas de São Paulo – São Paulo, 2011

*Agradeço de coração
a todas as almas amantes de Jesus
que por mim oram;
continuarei a fazer memória delas
diante de Jesus.*
Padre Pio

*A todas as crianças, a fim de que possam sempre
encontrar o rosto de Deus em seu caminho
e apaixonar-se por ele.*

*Para Franco e Jessica, Stephan e Alissa,
Elise, Brent e Olivia, Benjamin e Tara,
Isabella, Daniele e Piera,
Gennaro e Dario.*

Introdução

Nunca encontrei Padre Pio em vida, e até alguns anos atrás eu não havia lido nada do que ele escreveu ou do que escreveram sobre ele. Um belo dia, porém, tive a oportunidade de ler e trabalhar em uma biografia sua, escrita por Yves Chiron, conhecido biógrafo e escritor francês.

Através da obra desse grande autor, pude aproximar-me da figura de Padre Pio, traçada com grande perícia tanto do ponto de vista histórico quanto do espiritual, apreciando, sobretudo, sua entrega a Deus e à humanidade, não obstante a incompreensão enfrentada e os insondáveis sofrimentos humanos pelos quais passou.

Tendo confiança naquele em quem havia posto a sua esperança ("Ainda que me mates, não deixarei de esperar em ti", dirá numa oração evocando a expressão de Jó [cf. Jó 13,15]), Padre Pio manifestou tenacidade e força contra toda adversidade. Como homem de Deus e ministro a serviço dos "irmãos", compreendeu que valia a pena sofrer em nome "da salvação humana" e pelo amor a Cristo. Por isso, não levou em conta o preço a ser pago na própria pele. Sempre em defesa do irmão junto ao trono do Altíssimo, sabia muito bem o quanto este intento correspondia aos mesmos sentimentos de Cristo Jesus, que veio partilhar a condição humana até morrer na cruz e depois ressuscitar para conduzir todos à salvação.

Em seguida, tive a oportunidade de ler parcialmente o *Epistolario* – de onde colhi estas orações –, recebendo a confirmação daquilo que afirmavam as pessoas que o conheceram diretamente, como, por exemplo, o Cardeal Lercaro, que assim o definiu: "Um homem de diálogo: um homem de oração"; ou o Padre Gerardo Di Flumeri (vice-postulador da causa de beatificação e canonização de Padre Pio), que sempre o viu como "uma alma em contínuo recolhimento, na oração 'sem interrupção', apesar do cotidiano diálogo com os irmãos... A oração de Padre Pio culminava na celebração eucarística".[1]

---

[1] Cf. Chiron, Yves. *Padre Pio:* una strada di misericordia. 2. ed. Milano: Paoline, 1999. pp. 371-372.
Nas referências bibliográficas do *Epistolario*, o primeiro número corresponde ao volume, o segundo, à página. Cf. POBLADURA, M.; RIPABOTTONI, A. da (orgs.). *Padre Pio da*

Oxalá este pequeno florilégio de orações possa acompanhar e guiar os muitos momentos da vida das pessoas no caminho para Deus, seja qual for a condição em que se encontrem: na alegria ou na dor, na escuridão ou na esperança, na angústia ou na resignação, na dúvida ou na certeza. Pois, quando percorremos o *Epistolario*, percebemos que Padre Pio, quando escrevia a alguém, quase sempre entrava em oração, da qual o destinatário da carta acabava se tornando participante não só da oração mas também daquilo de que sua vida estava impregnada naquele momento. De fato, Padre Pio foi um homem *oratio factus*.

Vejamos o que ele diz a respeito dos efeitos da oração na sua existência: "Assim que me ponho a rezar, logo sinto o coração como que invadido por uma chama de amor; essa chama não tem nada a ver com qualquer chama deste baixo mundo. É uma chama delicada e muito doce, que consome e não causa sofrimento

---

Pietrelcina. Epistolario. vols. I-IV. San Giovanni Rotondo, 1994/1995/1998/2000.

Três das orações finais a Maria foram tiradas de: PADRE PIO. *O Signore, mia guida, mia barca, mio popolo*. San Giovanni Rotondo: Frati Cappuccini, 2001.

algum. Ela é tão doce e tão deliciosa, que o espírito prova sua complacência e permanece saciado, mas sem perder o desejo – oh Deus! –, algo que me parece maravilhoso e que talvez jamais consiga compreender, a não ser na pátria celeste" (cf. *Epistolario* 1,461).

"Rezo continuamente", diz. De fato, reza sem se cansar jamais, também quando pensa que "a minha oração nunca se elevará deste baixo mundo. O céu... parece-me que se tornou de bronze; uma mão de ferro pousou sobre minha cabeça; ela me afasta continuamente para longe, longe" (cf. *Epistolario* 1,751). Continua até se sentir exausto, tanto física quanto moralmente. Reza também quando crê não receber nenhum raio de luz do alto, e então clamar com todas as forças do seu ser: "O meu contínuo pedido de socorro ao Altíssimo me resseca a garganta. Deus meu, quem me libertará desta penosa prisão, deste duplicado inferno?" (cf. *Epistolario* 1,1256-1257). Mas também o seu constante convite é o de rezar – rezar por ele ou por outros, mas rezar: "Rezai e fazei rezar por mim... Se eu alcançar a salvação, pela divina misericórdia, devo-a inteiramente às orações dessas almas santas" (cf. *Epistolario* 1,435).

"Não deixeis... de rezar e de fazer outras almas rezarem por mim, a fim de que o peso do ministério e as agudas aflições espirituais não me destruam. Minha alma está extremamente amargurada. Jesus me assista sempre" (*Epistolario* 1,1228).

A sua maior preocupação, no entanto, é com os "outros", aqueles pelos quais Jesus morreu e ressuscitou. Isto nós descobrimos por meio de seu testamento: "Não quero que nem sequer a mínima injustiça aconteça por minha causa, mesmo que seja involuntária, a quem quer que seja. Sempre amei a todos, sempre perdoei, e não quero descer ao túmulo sem ter perdoado também a quem deseja pôr fim aos meus dias" (*Epistolario* 4,988).

Olimpia Cavallo

1

Mistério de vida e de amor na história humana e no universo

Realiza em mim a tua obra, Senhor

Eu sentia a voz
do dever de obedecer
a ti, ó Deus verdadeiro e bom!
Mas os teus e meus inimigos
me oprimiam,
me desarticulavam os ossos,
zombavam de mim
e me contorciam as entranhas!

Eu desejava obedecer-te,
ó Deus e Esposo meu.
Este era o sentimento
que dominava
a minha mente e o meu coração,
mas de onde conseguir tanta força,
para que eu pudesse,
com pé firme e resoluto,
pisotear antes as falsas atrações
e depois a tirania do mundo que não é teu?!

Tu o sabes,
ó Senhor, as cálidas lágrimas
que eu derramava diante de ti,
naqueles tempos dolorosíssimos!
Tu o sabes,
ó Deus de minh'alma,
os sussurros do meu coração,
as lágrimas que caíam
destes olhos.
Tu tinhas
o sinal incontestável
daquelas lágrimas
e da causa que eu sustentava
nos travesseiros que ficavam empapados.
Eu queria e sempre quero obedecer-te,
mas a vida se truncava.
Eu desejava morrer,
antes de faltar ao teu chamado.

Tu, porém, Senhor, que fazias
provar todos os efeitos
de um autêntico abandono
a este teu filho,
finalmente apareceste,
me estendeste tua poderosa mão

e me conduziste para onde
me havias anteriormente chamado.
Sejam-te dados infinitos louvores
e agradecimentos,
ó Deus meu.

Tu aqui me escondeste
aos olhos de todos,
mas uma grandíssima missão
tinhas desde então
confiado ao teu filho:
missão que somente de ti
e de mim é conhecida.
Deus meu! Pai meu!
Como correspondi a tal missão?!

Não sei.
Sei apenas que devia
talvez fazer mais.
É [este] o motivo
da presente inquietação do meu coração.

Inquietação que sinto sempre mais
agigantar-se dentro de mim
nestes dias de retiro espiritual.

Levanta-te, pois,
mais uma vez, Senhor,
e liberta-me
antes de tudo de mim mesmo
e não permitas
que se perca aquele que,
com tanto cuidado e zelo,
chamaste e tiraste
do mundo que não é teu.
Levanta-te, pois,
mais uma vez, Senhor,
e confirma na tua graça
aqueles que a mim confiaste
e não permitas que alguém se perca,
desertando do redil de tuas ovelhas.

Oh! Deus! Oh! Deus!...
Não permitas
que tua herança se perca.
Oh! Deus,
torna-te sempre mais sensível
a meu pobre coração
e realiza em mim a obra
que começaste.

(*Epistolario* 3,1008-1010)

Onde servir-te?

Onde melhor
poderei servir-te,
ó Senhor,
senão no claustro
e sob a bandeira
do Pobrezinho de Assis?

(*Epistolario* 3,1007)

Sacerdotes teus

Jesus,
meu suspiro e vida minha,
que hoje trêmulo
te elevo
num mistério de amor,
contigo pelo mundo,
caminho, verdade e vida
e por ti sacerdote santo,
perfeita vítima.

(*Epistolario* 4,1031)

Por ti, pelos teus redimidos

Cinquenta anos de vida religiosa,
cinquenta anos crucificado na cruz,
cinquenta anos de fogo devorador:
por ti, Senhor, e pelos teus redimidos.
O que mais deseja a minh'alma
senão conduzir todos a ti
e pacientemente esperar
que esse fogo devorador
queime todas as minhas entranhas
no "desejo ardente de partir" desta vida?

(*Epistolario* 4,1032)

O celestial Menino

Ó sabedoria, ó potência de Deus,
sentimo-nos no dever de exclamar
extasiados com o teu Apóstolo –
como são incompreensíveis
os teus julgamentos
e inescrutáveis os teus caminhos!
Pobreza, humildade, injustiça, desprezo,
circundam o Verbo feito carne;
mas nós, da obscuridade na qual este
Verbo feito carne está envolvido,
compreendemos uma coisa,
ouvimos uma voz,
entrevemos uma sublime verdade:
tudo isto tu o fizeste por amor,
e não nos convidas senão ao amor,
não nos falas a não ser de amor,
não nos dás senão provas de amor.

O celestial Menino
que sofre e chora no presépio
para tornar-nos amável,

meritório e precioso o sofrimento:
falta-lhe tudo,
para que nós dele aprendamos
a renunciar aos bens e às comodidades terrenas;
ele se agrada com os humildes
e pobres adoradores
para estimular-nos a amar a pobreza
e a preferir a companhia
dos pequenos e simples
à dos grandes do mundo.

Este celestial Menino,
todo mansidão e doçura,
quer infundir em nosso coração
com seu exemplo estas sublimes virtudes,
para que no mundo dilacerado e transtornado
surja uma era de paz e de amor.
Desde seu nascimento ele indica a nossa missão,
que é a de desprezar
aquilo que o mundo ama e procura.

Ajoelhemo-nos diante do presépio
e com o grande São Jerônimo,
o santo inflamado de amor pelo Menino Jesus,
ofereçamos-lhe todo o nosso coração

sem reservas, e prometamos-lhe
seguir-lhe os ensinamentos
que chegam a nós da gruta de Belém,
que nos apregoam ser tudo, aqui embaixo,
vaidade das vaidades,
nada mais que vaidade.

(*Epistolario* 4,1008-1009)

Jesus, verdadeiro e único Deus nosso

Mas o que é o homem,
para que te ocupes tanto dele?
Tu deixas teu celestial palácio
para vir à procura
da ovelha perdida.
A ela te manifestas
e, com impulsos da tua graça,
incessantemente a chamas,
tocas-lhe o coração para ti,
para que junto a ti te conheça,
te ame, te adore.
Acaso tens necessidade dela
para seres plenamente feliz no teu paraíso?
Não... é a tua costumeira bondade
que para ela te inclina;
é o teu amor,
que gosta de expandir-se e conquistá-la
para torná-la feliz
daquela mesma felicidade da qual estás repleto.

Ó Jesus,
nós somos um horroroso nada,
e tu nos procuras justamente por isso:
para dar-nos o teu ser divino,
mediante a operação
e a comunicação da tua graça.

Ó Jesus, quem poderá resistir a ti?
Permite que pobre como eu sou
te peça tudo aquilo que me é necessário
para agradar-te,
para que te pertença, que seja do teu agrado.
Dá-me e conserva-me aquela fé viva,
que me faça crer e agir
unicamente por teu amor.
Esta é a primeira dádiva
que te apresento
e, unido aos santos magos,
prostrado aos teus pés,
reconheço-te, sem qualquer consideração humana,
diante de todo o mundo
como verdadeiro e único Deus nosso.

(*Epistolario* 4,1014)

Adoração do Deus encarnado

Ó Jesus,
com os teus santos magos te adoramos
e com eles te oferecemos as três dádivas da nossa fé,
reconhecendo-te e adorando-te
como nosso Deus,
humilhado por nosso amor,
qual homem revestido de frágil carne
para sofrer e morrer por nós.
E nos teus méritos esperando,
temos certeza de conseguir a eterna glória.
Com a nossa caridade te reconhecemos
soberano de amor em nosso coração,
suplicando-te que, na tua infinita bondade,
te dignes acolher aquilo que tu mesmo nos doaste.

Digna-te transformar o nosso coração
como transformaste o coração dos santos magos
e, mais uma vez, faze que o nosso coração,
não podendo conter os ardores da tua caridade,
te manifeste às almas
dos nossos irmãos para conquistá-las.

O teu reino não está distante
e tu nos fazes participar do teu triunfo sobre a terra
para depois participar do teu Reino no céu.
Faze que, não podendo conter
as comunicações da tua divina caridade,
preguemos com o exemplo e com as obras
a tua divina realeza.
Toma posse
do nosso coração agora
para possuí-lo na eternidade.
Que jamais nos subtraiamos ao teu cetro:
nem a vida nem a morte
possam separar-nos de ti.
A vida seja haurida de ti
em amplos goles de amor
para expandir-se sobre a humanidade
e nos faça morrer a cada instante
para viver somente de ti,
para que tu te aposses de nosso coração.

(*Epistolario* 4,1017-1018)

Quantas vezes

"Quantas vezes" –
disse-me, Jesus, pouco antes –
"ter-me-ias abandonado,
filho meu,
se não te houvesse crucificado...
Sob a cruz aprende-se a amar
e eu não a dou a todos,
mas apenas às almas
de que mais gosto".

(*Epistolario* 1,339)

2

Inefável doçura divina

Meu Senhor e meu Deus

Todos os tormentos desta terra
recolhidos num ramalhete,
eu os aceito,
ó Deus meu,
eu os desejo como meu quinhão,
mas jamais poderei resignar-me
de ser separado de vós
por falta de amor.
Por favor!
Por piedade, não permitais
que ande errantemente
esta pobre alma;
jamais consintais
que esta minha esperança
venha a falir.
Fazei que eu jamais
seja separado de vós,
e se o sou agora, sem percebê-lo,
reconduzi-me neste instante;
confortai esta minha mente,
ó Deus meu,

para que conheça bem a mim mesmo
e o grande amor
que me demonstrastes;
possa eu eternamente desfrutar
das soberanas belezas da vossa divina face.

(*Epistolario* 1,675)

Um espinho no coração

Oh Deus! Que espinho
sinto cravado em meu coração!
As duas forças que, aparentemente,
parecem extremamente contrárias –
a de querer viver
para servir aos irmãos em desterro
e a de querer morrer
para unir-me ao Esposo –,
nestes últimos tempos eu as sinto
agigantar-se superlativamente
na extremidade do espírito.
Dilaceram-me a alma
e roubam-me a paz de espírito,
não a mais íntima,
mas, mesmo sendo aquela paz,
digamos assim, mais externa,
ainda assim reconheço
ser-me necessária
para poder agir com maior doçura
e maior unção.

(*Epistolario* 1,1181)

Ó meu dulcíssimo amado

Jamais permitais, ó querido Jesus,
que eu perca o tão precioso tesouro
que sois vós para mim.
Meu Senhor e meu Deus,
muito viva está em minh'alma
aquela inefável doçura
que emana dos vossos olhos,
e que vós, meu amado,
vos dignastes a lançar, amorosamente,
sobre este pobre miserável.

Como poderei suportar
o suplício do meu coração
ao saber-me distante de vós?
Vós conheceis bem a minh'alma
e sabeis quão terrível batalha travei,
quando vós, ó meu dileto,
de mim vos ocultastes!
Quão viva é,
ó meu dulcíssimo amado,

esta terrível e fulminante estampa
impressa nesta alma!

Quem conseguirá me afastar
ou apagar este fogo,
aceso por vós
e que no peito me arde em chamas!
Por favor! Ó Senhor! Não queirais
acostumar-vos a vos esconder;
vós compreendeis
a desordem e a agitação
que se apoderam de todas as forças e sentimentos
da minha alma!
Vós vedes
que não resiste à cruel dilaceração
deste abandono, a pobrezinha,
porque vós a fizestes apaixonar-se
por vós, infinita beleza.

Vós sabeis como ela
ansiosamente vos procura.
Esse afã não é em nada inferior àquele
que também provava aquela vossa esposa
dos cânticos sagrados;
também ela, como a sagrada esposa,

percorre atônita
os caminhos e praças
e suplica e implora
às filhas de Jerusalém
que lhes digam onde está o seu amado:
"Eu vos suplico, ó filhas de Jerusalém,
se virdes o meu amado,
dizei-lhe que estou morrendo de amor".

Compreendeis muito bem
o estado da minh'alma,
pois, como está escrito nos salmos,
"O meu espírito desfalece!"
"Minh'alma desfalece pela tua salvação".

(*Epistolario* 1,675-676)

O amor do meu dileto

Estou me afogando
no oceano imenso
do meu Dileto.
Sofro de uma aflição contínua.
Todavia, é doce a amargura deste amor
e suave o seu peso; mas isso não significa
que a alma, ao sentir
o imenso entusiasmo, não padeça por
carregar o imenso peso,
e eu me sinto anulado e derrotado.
O pequeno coração sente-se impossibilitado
de conter esse amor imenso.
É verdade que ele está dentro e fora.
Mas, Deus meu,
quando ele se derrama
no pequeno vaso desta minha existência,
sofro o martírio de não poder contê-lo:
as paredes deste coração
parecem prestes a explodir,
e eu me maravilho
que isso não tenha ainda acontecido.

(*Epistolario* 1,1122)

3

Sede de Deus

Toma este meu coração

Sim, Jesus, eu te amo!
Neste momento
parece-me que te amo, mas sinto também
a necessidade de amar-te ainda mais.
Mas, Jesus,
no coração não tenho mais amor,
tu sabes que o doei
todo a ti.
Se queres mais amor,
toma este meu coração
e preenche-o
com o teu amor;
depois me ordena
que te ame,
e eu não recusarei.
Pelo contrário, peço-te que o faças!
É o que eu desejo.

(*Epistolario* 1,266)

Chama de amor

Viverei
nesta vida cruel,
ó meu Jesus,
e a esperança e o desejo
serão
a minha fortaleza,
enquanto durar
esta mísera vida.
E vós, enquanto isso,
fazei arder,
ó meu criador
e Deus meu,
no meu coração
esta bela chama
do vosso amor...

(*Epistolario* 1,650)

Minha felicidade

Ó única essência
de qualquer felicidade minha,
ó Deus meu,
quanto deverei,
pois, ainda esperar?...
Vós vedes...
ó Senhor,
que o meu mal
é sem remédio...
Quando, portanto,
ó Senhor,
quando?
Até quando?...

(*Epistolario* 1,650)

4

Lamentos da condição humana

Quanto deverei esperar?

Ó Deus,
soberano do meu coração,
ó única essência
de qualquer felicidade minha,
quanto deverei ainda esperar,
antes de desfrutar sem véus
das vossas inefáveis belezas?

Vós me transpassais a alma
com os raios do vosso amor.
Vós sois cruel
em me abrir no coração
feridas profundas
e ao mesmo tempo invisíveis.
Vós me matais
sem a preocupação
de me ressuscitar
na vossa pátria!

Que conforto apresentareis vós
a esta alma
que não encontra nenhum cá embaixo,
e que não pode ter paz,
longe de vós?
Sois igualmente cruel,
ó dulcíssimo criador e Deus meu,
em ver-me suspirar tanto por vós
sem que vós sequer vos comovais,
sem que tireis de mim
a causa única de tanta dor:
a vida que me mantém longe da verdadeira vida...
Oh, vida demasiado longa!
Oh, vida cruel!
Oh, vida que não é mais vida para mim!

Oh, como me sinto só,
Deus meu e dulcíssimo salvador,
no deserto deste mundo!
Não vedes, então,
que o meu mal é sem remédio?
Poderei eu ansiar
não consumir-me tanto por vós?...

(*Epistolario* 1,656)

Deus meu, por quê?

Deus meu,
por que golpeias e traspassas,
golpeias novamente e transtornas
com tão grande violência
esta anuviada alma,
esta alma há muito anulada
e cuja anulação
se diz movida, causada,
desejada por tua própria ordem
e permissão?

(*Epistolario* 1,1037)

O que será de mim?

Deus meu!
O que será de mim?
Deverei ultrapassar a soleira
que conduz à eternidade
sem jamais ver
um raio de luz?
Quando raiará
o sol para mim?

(*Epistolario* 1,773)

Queimo de aridez

Ó Deus, ó Deus,
não posso outra coisa dizer:
por que me abandonaste?
Este espírito,
justamente golpeado
por tua divina justiça,
jaz numa veemente contradição,
sem qualquer recurso e conhecimento,
exceto as fugazes luzes,
atos que agravam
o sofrimento e o martírio.
Sinto-me morrer,
queimo de aridez,
desfaleço de fome...

(*Epistolario* 1,1037)

Como é vazia a minha oração

Deus meu!... Rápido!...
Que cesse minha vida física,
já que da morte espiritual
é de fato vão qualquer esforço para ressuscitar.
Parece que o céu se fechou para mim,
e todo impulso e todo lamento
retornam
qual flecha que fere de morte
o meu pobre coração.
A minha oração me parece vazia
e o meu espírito abatido encontra,
já na primeira aproximação
a tentar novamente seu ingresso,
quem o despoja de toda ousadia e poder,
desanimando-o
na sua absoluta impotência
e no nada,
justamente no nada mais poder arriscar,
apesar de logo a seguir arriscar de novo
e encontrar-se reduzido
à mesma impotência.

Deus meu, tu o sabes!
Envia pelo menos uma luz que sirva de guia
para que se descubra a verdadeira fonte
de tantos males nesta tua criatura.

(*Epistolario* 1,1073)

Como é possível?

Deus meu,
é possível
que a minha existência
deva ser
um constante
desgostar-vos?

(*Epistolario* 1,1074)

Quando morrerei?

Deus meu!... Quando morrerei?
Mas, já que estou vivo
poupa-me de uma cruz
superior às minhas forças.
Um novo tipo de temor
me preocupa e me agita:
que se suspeite da minha lealdade e retidão.
Não há fundamento,
e, no entanto, a simples dúvida me preocupa
e não consigo encontrar paz
no testemunho da boa consciência.
Talvez tu sorrias...
Mas ainda assim eu sofro
também por aquilo que é irracional.

(*Epistolario* 1,1231)

Não cessarei de esperar em ti

A furiosa batalha não acabou.
Segue seu curso regularmente, sim,
acossa e marcha sempre adiante.
Deus meu, quando repousarei
um pouco tranquilo em ti?
Quando será pelo menos removido de mim
este prego que me despedaça o coração
e me perfura o cérebro ao persuadir-me
que em todo este inferno eu não te ofenda?

Deus meu, estaria pronto a sofrer
mil infernos deste tipo
desde que entrasse uma centelha
da tua luz na minha mente, que me garantisse
que em meio a tudo isso eu te ame.

Sim, Deus meu, não tardes
a vir em meu socorro;
não vês que não tenho mais forças para combater,
e que qualquer energia empregada
é continuamente dissipada?

Ó Deus meu, tu que em mim
medes a extrema amargura do meu espírito,
não tardes a vir em meu socorro.
Somente tu podes e deves fazer-me sair
deste cárcere de morte.
Ah, não! Eu não me cansarei
no meu cansaço
de gritar forte como Jó:
ainda que tu me mates,
não deixarei de esperar em ti.

(*Epistolario* 1,1260)

5

Quando Deus parece nos abandonar

Amado meu, onde estás?

Meu amado, onde estás?
Descubro que não te conheço mais,
mas é necessário procurar-te,
tu que és vida da alma que morre.

Deus meu e meu Deus!...
Dizer-te outra coisa não sei mais:
Por que me abandonaste?
Fora deste abandono
eu ignoro, ignoro qualquer coisa,
até mesmo a vida
que eu ignoro viver.

(*Epistolario* 1,1029)

Tende piedade de mim!

Deus, Deus,
não quero, não, desesperar:
não quero, não,
fazer injustiça à vossa infinita piedade,
porém sinto em mim,
apesar de todos esses esforços de confiança,
vivo, claro, o triste quadro
do vosso abandono e da vossa rejeição.
Deus meu, eu confio,
mas esta confiança é repleta de temores,
e isto é que torna mais amargo o meu pesar.
Oh, Deus meu!
Se eu pudesse, ainda que minimamente, compreender
que este estado não é um sinal da vossa rejeição
e que nisto não vos ofendo,
estaria disposto
a sofrer cem vezes mais este martírio.
Deus meu, Deus meu...
tende piedade de mim!

(*Epistolario* 1,1264)

Choro, me lamento

Eu ando me debatendo;
suspiro, choro, me lamento,
mas é tudo inútil;
até que, quebrantada de dor e de forças privada,
a pobre alma se submete
ao Senhor, dizendo:
"Não a minha,
ó dulcíssimo Jesus,
mas seja feita a tua vontade".

(*Epistolario* 1,725)

Que dilaceração!

Ó Deus, que aflição eu sinto,
no fundo deste meu coração!
Quando se deterá?
Sinto meu coração despedaçar-se.
Não tenho onde pousá-lo.
Se eu pudesse ao menos ter a satisfação
de desafogar este martírio interior
através das lágrimas...
Mas a dor é grande e me fez de pedra.

Agora sim compreendo,
ó Jesus, por que a tua mãe,
contemplando-te na cruz, não chorou.
Porém, dize-me, ó Jesus,
o que é esta íntima voz,
que escuto sem cessar –
"Onde está o teu Deus" –,
à qual não consigo dar uma resposta
por medo de mentir?

Por favor, Senhor, socorre a minha dor.
Agora está irrequieta, e não terá paz
até encontrar repouso em ti.
Mas devo esperá-lo,
apesar da minha infidelidade?
Sim, ó Senhor,
sinto ainda toda a força para dizer-te:
"Ainda que me mates, não deixarei de esperar em ti".

(*Epistolario* 1,993)

Procuro-te

Deus meu, estou perdido
e te perdi,
mas te reencontrarei?
Ou então te perdi
para sempre?
Tu me condenaste
a viver eternamente distante
da tua face?

(*Epistolario* 1,1027)

Um rio de fogo dentro de mim

Sinto-me estar morrendo, Deus meu,
e tu vês apagar-se esta frágil existência,
que se consome inteiramente por vós,
e apesar disso continuas indiferente.
Não tenho, portanto, razão
de te chamar tirano, cruel?
Pobre de mim! O que estou dizendo!...
Perdoa-me, ó Deus, amor meu!
Estou fora de mim
e não sei o que digo.
Tu me tornaste impaciente,
tu me conquistaste,
tu queimaste todo o meu interior,
tu colocaste dentro de mim
um rio de fogo.
Como posso deixar de lamentar-me,
se tu mesmo me provocas
e pões à prova a minha fragilidade?...

(*Epistolario* 1,1123)

6

Conversão a Deus e misericórdia

Conversão do coração

Deus meu!
Obriga-me a uma revisão,
força-me
a uma sincera contrição
e a uma sólida conversão
do coração
a ti.

(*Epistolario* 1,1075)

Na tua bondade

Ó Deus de minh'alma,
que triste sorte
me aguarda,
se eu não me decidir
a mudar de vida,
a entesourar o tempo
que a vossa bondade
me concede!

(*Epistolario* 4,1001)

Ó bem de minh'alma!

Ó bem de minh'alma, onde estás?
Onde te foste esconder?
Onde encontrar-te?
Onde procurar-te?
Não vês, ó Jesus, que a minh'alma
deseja sentir-te a qualquer custo?
Ela te procura por todo lugar,
tu, porém, não te deixas encontrar
a não ser no extravasamento do teu furor,
preenchendo-a de extrema perturbação
e amargura, dando-lhe a entender
quanto a ti ela se destina
e quanto te pertence.
De que vale expressar
a gravidade da minha posição?!
Aquilo que compreendo
ao reflexo do teu lume,
não alcanço dizê-lo com a linguagem humana,
e quando tento dizer
alguma coisa, balbuciando,
minh'alma descobre que errou

e que mais do que nunca
afastou-se da verdade dos fatos.

Meu amado!
Deixaste-me para sempre?!
Tenho vontade de gritar e de me lamentar
com voz superlativamente forte,
mas sou fraquíssimo
e as forças não me acompanham.
E, no entanto, o que mais posso fazer
senão fazer chegar ao teu trono
este lamento:
Deus meu, Deus meu, por que me abandonaste?...

Minh'alma está inteiramente derramada
sobre o quadro claro
da miséria!
Deus meu! Que eu resista
a tão trágica visão:
retire-se de mim
o teu raio reflexo,
porque eu não resisto
a tão grande contraste.

(*Epistolario* 1,1089-1090)

Quantas necessidades...

Deus meu...
quantas necessidades se concentram
a cada momento
ao redor do meu espírito,
que se vai desfazendo e descompondo
em sua dor.
Encontro-me
a cada passo impelido
sempre mais perdido
na nebulosa e crescente desordem
do espírito, na escuridão,
na dolorosa perda
de todo poder
e na perda dos sentidos.

(*Epistolario* 1,1062)

Em profunda confusão

Deus meu! Estou junto de ti
em profunda confusão;
junto de ti, que és aquilo que és.
Eu... um nada miserável,
digno apenas do teu desprezo
e da tua comiseração.
Mas... reflito que tenho o que fazer
com o Deus que é meu.
Ah! sim, e quem há de contestá-lo?

(*Epistolario* 1,1105)

Venha o teu reino de amor

Somente vós vedes que sofrimento é este
para a alma que vos procura,
no entanto, ó meu Senhor,
em paz eu carregaria este sofrimento
por amor a vós,
se soubesse que também neste estado
ela não é por vós abandonada,
ó fonte de eterna felicidade!...

Ah!, vós ainda compreendeis
o cruel martírio
que é para esta alma
ver as grandes ofensas
que nestes tristíssimos tempos
são perpetradas pelos filhos dos homens,
e a ingratidão horrenda
com que sois recompensado
em vossos dons amorosos,
e o pouco ou nenhum pensamento
que esses verdadeiros cegos se permitem
acerca da perda de vós.

Deus meu, Deus, Deus!
Pode-se até dizer que eles
não confiam mais em vós,
já que vos negam tão descaradamente
o tributo do seu amor.
Pobre de mim! Deus meu,
quando virá o momento
no qual esta alma verá restabelecido
o vosso reino de amor?...
Quando dareis um basta
a este meu tormento?...

(*Epistolario* 1,676)

Ó meu doce Redentor!

Oh Deus! Oh Deus! Por onde voa meu pensamento;
o que será daqueles infelizes
vossos filhos,
e ainda meus irmãos,
que talvez já tenham merecido
a vossa ira?
Vós o sabeis, ó meu doce Redentor,
quantas vezes a memória
daquele vosso divino semblante,
irado contra esses
meus infelizes irmãos,
fez-me gelar o sangue de pavor,
mais que o pensamento dos eternos suplícios
e de todas as penas do inferno.

Tremendo eu sempre vos supliquei,
como vos suplico também agora,
que, pela vossa misericórdia,
vos digneis retirar
um tal fulminante olhar desses
meus infelizes irmãos...

Vós dissestes,
ó meu doce Senhor, que
"o amor é forte como a morte,
e duro como o inferno",
por isso, olhai com olhos
de doçura inefável
para esses mortos irmãos,
apertai-os a vós
com forte laço de amor.

Ressurjam todos
esses autênticos mortos, ó Senhor.

Ó Jesus, Lázaro não vos pediu
para que o ressuscitásseis;
para ele serviram as preces
de uma mulher pecadora.
Eis-me aqui, ó meu divino Senhor,
outra alma também ela pecadora
e sem comparação a mais culpada,
que vos pede por tantos mortos,
que nem sequer procuram suplicar-vos
a fim de serem ressuscitados.

Vós sabeis,
ó Senhor meu e meu Rei,
o cruel martírio que me provocam
esses tantos Lázaros:
chamai-os com um grito tão poderoso
que lhes dê a vida
e à vossa ordem saiam do túmulo
dos seus imundos prazeres.

Fazei isto, ó Senhor,
e assim todos bendirão
as riquezas
da vossa misericórdia...

(*Epistolario* 1,677-678)

7

Habitar as veredas da esperança

Esperança minha

Em tudo o que me acontece,
sinto viva em mim
a esperança
de não desesperar.
É vã
esta minha esperança?
De qualquer forma,
sinto que devo dizer-te,
ó Jesus,
com Jó: "Esperarei
em ti, mesmo quando
me sinto
no desespero".

(*Epistolario* 4,1023)

Raiará a aurora

Deus meu,
quando raiará,
ainda que não seja o sol,
mas ao menos
a aurora?

(*Epistolario* 1,988)

Sabendo-te bom

Oh meu amado,
o que estou dizendo?
(Mas infelizmente esta é a minha postura),
e, sabendo-te bom,
não deveria esperar
e esperar-te confiante,
quando houvesse motivo maior para desesperar?
Mas... ó pena das penas!...
A tortura que supera toda compreensão
é esta:
ver-se reduzido,
constrangido ao desespero de não ter esperança,
e todavia a esperança não perder...
pobre de mim, Deus meu,
pois isto é mais cruel
do que todas as mortes juntas!

(*Epistolario* 1,1049)

Oh! Doces feridas!

Oh! *Fiat*! Como és doce
e amargo ao mesmo tempo!
Tu feres e saras,
provocas chagas e curas,
matas e ao mesmo tempo
dás também a vida!
Oh! Doces tormentos! Por que sois
tão insuportáveis e tão caros ao mesmo tempo?
Oh! Doces feridas! Por que
enquanto sois dolorosas,
ao mesmo tempo embalsamais o espírito,
e o preparais outra vez para submeter-se
a golpes de novas provas?

(*Epistolario* 1,1103)

Meu Deus, meu tudo

Oh! Deus! Põe em mim
um pouco de esperança
para que eu, no fim,
reflita e veja,
tal como és para mim,
o meu Deus,
o meu tudo,
o bem de minh'alma,
purificado e refeito no cadinho
do teu justo rigor!

(*Epistolario* 1,1097)

Concede-me a tua misericórdia

Sinto dentro de mim
um murmúrio constante,
semelhante a uma cascata, que verte
sempre sangue.
Deus meu!
É justo o castigo
e reto o teu julgamento,
porém, no fim, concede-me a tua misericórdia.
Senhor,
eu te direi sempre com o teu profeta:
Senhor, em teu furor não me castigues,
nem me corrijas em tua ira!

(*Epistolario* 1,1095)

Ó almas bem-aventuradas

Ó almas santas,
que livres de todo afã,
já vos estais deliciando no céu
naquela torrente de soberanas doçuras...
Oh! Quanto invejo a vossa felicidade!
Por favor, por piedade, já que estais
tão próximas à fonte de vida,
já que me vedes de sede morrer
neste baixo mundo,
dai-me um pouco
dessa fresquíssima água.

Ah! Muito mal, ó almas venturosas,
confesso-o, muito mal gastei a minha porção,
muito mal guardei uma joia
tão preciosa;
mas – por Deus! – para esta culpa
sinto que ainda há remédio.
Pois bem, ó almas bem-aventuradas,
fazei-me a cortesia de um pouco de socorro;
também eu, visto que não alcancei encontrar

aquilo de que necessita a minha alma
no repouso e na noite,
também eu me levantarei,
como a esposa do cântico sagrado
e buscarei aquele que minh'alma ama:
"Levantar-me-ei...
e buscarei aquele que minh'alma ama";
e o procurarei sempre,
o procurarei em todas as coisas,
e não me deterei em nenhuma,
até que não o tenha encontrado
no umbral do seu Reino...

(*Epistolario* 1,676-677)

8

Abandono total a Deus

Extrema confiança

Deus meu!
Não obstante eu te visse como juiz,
mesmo assim com olhar de extrema confiança
eu te contemplava,
não obstante eu sentisse
que nada de misericordioso
eu poderia esperar.
E enquanto conservava o meu olhar
voltado para Deus,
aconteceu aquilo que esta manhã
aconteceu. *Graças a Deus.*

(*Epistolario* 1,1023)

Espero que me guardes

Ó meu amado, onde te encontras?
Eu te perdi,
perdi-me por procurar-te,
porque de bom grado aceitaste
a plena oferta que te fiz,
e tudo retomaste
e conservas com soberano senhorio.
Eu me confio em ti
e espero que me guardes
pelo meu inteiro,
completo abandono
à mais comovente libertação de amor.

(*Epistolario* 1,1028)

Perto de ti, Senhor

Senhor, põe-me
perto de ti,
de forma que eu
sinta a tua presença,
como tu estás
perto de mim por essência;
e, depois, mesmo que jogues
contra mim
o inferno inteiro,
eu não temerei,
eu não me apavorarei.

(*Epistolario* 1,884)

Haurir de ti forças

Sou vertiginosamente
transportado a viver pelos irmãos
e consequentemente
a inebriar-me e saturar-me
daquelas dores
que vou
irresistivelmente
lamentando.

Oh! Deus! Como é forte
aquele batismo
com o qual devo ser batizado
do teu Filho
que tão intimamente
me fazes sentir.

(*Epistolario* 1,1196)

9

Diálogos com Maria

Minha Mãe, Maria

Mãe de misericórdia,
tem piedade de mim!
Deverias compreender,
minha querida Mãe,
que se o fiz,
o fiz unicamente
por obedecer!

"Não te preocupes
que os outros pensem
a teu respeito
tantas coisas estranhas,
nós vamos te defender;
até o momento eles te aborreceram,
mas agora terão de acertar
as contas conosco".

(*Epistolario* 1,361-362)

Virgem Imaculada

Santíssima Virgem Imaculada
e minha Mãe, Maria,
a ti que és a Mãe do meu Senhor,
a rainha do mundo,
a advogada, a esperança,
o refúgio dos pecadores, recorro hoje,
eu que sou o mais miserável de todos.
Eu te venero, ó grande Rainha,
e te agradeço
todas as graças que me concedeste até agora,
sobretudo por me teres libertado do inferno,
tantas vezes por mim merecido.
Eu te amo, Senhora Amabilíssima,
e pelo amor que te devoto,
prometo querer sempre servir-te
e fazer tudo o que posso
para que também sejas amada pelos outros.
Deposito em ti todas as minhas esperanças,
toda a minha saúde.
Aceita-me como teu servo
e acolhe-me sob o teu manto,

ó Mãe de misericórdia.
E visto que és tão poderosa com Deus,
liberta-me tu de todas as tentações;
ou dai-me forças
para vencê-las até a morte.
A ti peço o verdadeiro amor
a Jesus Cristo.
De ti espero ter uma boa morte.
Minha Mãe, pelo amor que nutres para com Deus,
peço-te que me ajudes sempre,
mas muito mais no último instante da minha vida.
Não me deixes até que não me vejas
já salvo no céu a bendizer-te
e a cantar as tuas misericórdias
por toda a eternidade! Amém.

Eu te suplico, minha Mãe

Ó celestial tesoureira de todas as graças,
mãe de Deus e minha, Maria,
porque és a filha primogênita
do eterno Pai
e tens na mão a sua onipotência,
tem piedade de minh'alma
e concede-me a graça
pela qual fervidamente te suplico...
Ave, Maria...

Ó misericordiosa dispensadora
das graças divinas,
Maria Santíssima,
tu que és a Mãe
do eterno Verbo encarnado,
que te coroou
com imensa sabedoria,
considera a grandeza da minha dor
e concede-me a graça
de que tanto necessito...
Ave, Maria...

Ó amorosíssima dispensadora
das graças divinas,
imaculada esposa
do eterno Espírito Santo,
Maria Santíssima,
tu que dele recebeste um coração
capaz de ter piedade
das humanas desventuras
e não pode resistir sem consolar quem sofre
tem piedade de minh'alma
e concede-me a graça que espero
com plena confiança na tua imensa bondade...
Ave, Maria...

Sim, ó minha Mãe,
tesoureira de todas as graças,
refúgio dos pobres pecadores,
consoladora dos aflitos,
esperança dos desesperados
e auxílio poderosíssimo dos cristãos,
eu deposito em ti toda a minha confiança
e estou certo de que me obterás de Jesus
a graça que tanto desejo,
desde que seja para o bem de minh'alma.
Salve, Rainha...

Eu te saúdo, Maria

Eu te saúdo, Maria,
filha amada do Pai eterno.

Eu te saúdo, Maria,
virgem Mãe do Filho de Deus.

Eu te saúdo, Maria,
esposa imaculada do Espírito Santo.

Eu te saúdo, Maria,
templo vivo da santíssima Trindade.

Eu te saúdo, Maria,
concebida sem mancha alguma de pecado,
toda pura e santa.

Eu te saúdo, Maria,
virgem puríssima
antes do parto, no parto, após o parto.

Eu te saúdo, Maria,
Mãe dolorosa,
Rainha dos mártires,
coração dos corações que sofrem.

Eu te saúdo, Maria,
estrela do nosso caminho,
fonte da nossa esperança,
fonte puríssima de alegria,
porta do paraíso.

Eu te saúdo, Maria,
consoladora dos aflitos,
mãe do belo e casto amor das almas virgens,
porto sereno de paz.

Eu te saúdo, Maria,
mediadora potentíssima e piedosa de todas as graças,
aurora suspirada do dia eterno,
prelúdio suavíssimo sobre a terra
da maravilhosa harmonia dos céus.

Eu te saúdo, Maria,
rainha dos anjos e dos santos,
rainha nossa,
soberana Patrona da Ordem Seráfica.

Eu te saúdo, Maria,
refúgio dos pecadores,
mãe dulcíssima.
Amo-te muito muito,
ó bela mãe,
ó minha mãe,
conserva-me puro.
Leva-me a Jesus.
Salve, ó Maria.

Esta criatura

"Confio-te esta criatura.
É uma pedra preciosa
em estado bruto:
lavra-a, lapida-a,
torna-a mais cintilante possível
porque um dia
quero ornar-me com ela.
Não duvides,
será ela que a ti virá,
mas antes a encontrarás em São Pedro".

(*Epistolario* 4,1029)

Apêndice

O que disseram a respeito de Padre Pio

Testemunho do Cardeal Lercaro

Padre Pio, como Jesus, o homem do diálogo: um homem de oração... Recordo o meu encontro com ele, muitos anos atrás. Encontrei-o no pequeno coro da antiga Igreja das Graças, seu local de oração. Fiquei muito contente, ainda que isso tenha causado um atraso em nosso encontro, já que ele, evidentemente, não pretendia interromper o seu colóquio com Deus. Pareceu-me que era justamente assim que eu deveria encontrá-lo: em oração. A missa ao amanhecer, em meio a uma assembleia numerosa, porém compenetrada e quase arrebatada, assim como a oração silenciosa no pequeno coro, eram, com efeito, as raízes daquela força sobrenatural que dava vigor à sua palavra iluminada, às vezes dura e rude, mas tão persuasiva e confortadora...

Padre Pio sentiu tão profundamente a força sobre-humana da oração que a quis tornar mais fácil a seus filhos espirituais, cada dia mais numerosos no mundo, para então deixar a eles como preciosa herança, com o objetivo de continuar a sua constante solicitude pela vinda do Reino de Deus às almas e ao mundo...[1]

---

[1] Apud CHIRON, Y. *Padre Pio*: una strada di misericordia, p. 359.

Testemunho de Padre Gerardo Di Flumeri, vice-postulador

De Padre Pio recordo a figura sofredora, caminhando com dificuldade, um pouco encurvado, recolhido, em oração, com o rosário constantemente na mão, sob o peitoral.

Até agora não conheci ninguém que oferecesse um exemplo melhor do que o de Padre Pio de uma alma em contínuo recolhimento, na oração "sem interrupção", não obstante o cotidiano diálogo com os irmãos, desde o alvorecer até as últimas horas do dia.

As palavras que Tomás de Celano escreve acerca do Seráfico Pai São Francisco de Assis, "mais que um homem orante, a oração feita homem" (*non tam orans quam oratio factus*), foram para mim sempre uma grande dificuldade: pareceu-me sempre extremamente difícil, para não dizer impossível, imaginar um homem *oratio factus*. Mas desde que conheci Padre Pio, aquelas palavras se iluminaram para mim como se pela luz do sol e, observando-o, pude compreender como o seu e o meu Seráfico Pai tenha podido ser "mais que um homem orante, a oração feita homem".

A oração de Padre Pio culminava na celebração eucarística... Sim, a missa celebrada por Padre Pio era, cada manhã, um autêntico "espetáculo de sobrenatural".[2]

---

[2] Ibid., pp. 371-372.

Cronologia essencial de Padre Pio

25/05/1887	Em Pietrelcina (Benevento, Itália), nasce Francesco Forgione (futuro Padre Pio), filho de Maria Giuseppa De Nunzio e Grazio Maria Forgione.
26/05/1887	Francesco é batizado.
06/01/1903	Entra na Ordem dos Capuchinhos.
10/08/1910	É ordenado sacerdote.
04/09/1916	De saúde precária, é transferido ao convento de San Giovanni Rotondo, onde, exceto por algumas breves ausências, permanece até o fim de seus dias.
14/01/1940	Padre Pio anuncia ao pequeno comitê ao redor de si: "Esta noite começa a minha grande obra terrena". Alguns dias depois dará àquele projeto, que será uma obra de grande relevo, o nome de Casa Sollievo della Sofferenza (Casa Alívio do Sofrimento). A seguir, nos anos sucessivos, Padre Pio funda os grupos de

	oração, tão desejados por Pio XII na sua exortação do dia 17 de fevereiro de 1942.
23/09/1968	Padre Pio morre. Na memória de muitos fiéis, continua vivo como o homem escolhido por Deus para interceder pelos irmãos.
02/05/1999	João Paulo II o proclama beato.
2000	Averiguação diocesana acerca do milagre de cura de Matteo Pio Colella, de 8 anos.
20/12/2001	Promulgação do decreto sobre o milagre.
26/02/2002	Durante o Consistório, João Paulo II anuncia a data da canonização.
16/06/2002	João Paulo II celebra a canonização de Padre Pio.[3]

---

[3] Os dados da cronologia essencial foram tirados de: CAVALLO, O. (org.). *Pensieri e parole di Padre Pio*. Paoline, Milano, 1999.

Sumário

Introdução 7

1 – Mistério de vida e de amor na história humana e no universo

Realiza em mim a tua obra, Senhor 15
Onde servir-te? 19
Sacerdotes teus..20
Por ti, pelos teus redimidos 21
O celestial Menino..22
Jesus, verdadeiro e único Deus nosso 25
Adoração do Deus encarnado...............................27
Quantas vezes..29

2 – Inefável doçura divina

Meu Senhor e meu Deus 33
Um espinho no coração..35
Ó meu dulcíssimo amado......................................36
O amor do meu dileto...39

3 – Sede de Deus

Toma este meu coração 43
Chama de amor 44
Minha felicidade 45

4 – Lamentos da condição humana

Quanto deverei esperar? 49
Deus meu, por quê? 51
O que será de mim? 52
Queimo de aridez 53
Como é vazia a minha oração 54
Como é possível? 56
Quando morrerei? 57
Não cessarei de esperar em ti 58

5 – Quando Deus parece nos abandonar

Amado meu, onde estás? 63
Tende piedade de mim! 64
Choro, me lamento 65
Que dilaceração! 66
Procuro-te 68
Um rio de fogo dentro de mim 69

6 – Conversão a Deus e misericórdia

Conversão do coração...73
Na tua bondade..74
Ó bem de minh'alma!..75
Quantas necessidades..77
Em profunda confusão..78
Venha o teu reino de amor......................................79
Ó meu doce Redentor!..81

7 – Habitar as veredas da esperança

Esperança minha...87
Raiará a aurora...88
Sabendo-te bom..89
Oh! Doces feridas!..90
Meu Deus, meu tudo..91
Concede-me a tua misericórdia...............................92
Ó almas bem-aventuradas.......................................93

8 – Abandono total a Deus

Extrema confiança..97
Espero que me guardes..98
Perto de ti, Senhor..99
Haurir de ti forças...100

9 – Diálogos com Maria

Minha Mãe, Maria 103
Virgem Imaculada 104
Eu te suplico, minha Mãe 106
Eu te saúdo, Maria 108
Esta criatura 111

Apêndice –
O que disseram a respeito de Padre Pio

Testemunho do Cardeal Lercaro 115
Testemunho de Padre Gerardo
Di Flumeri, vice-postulador 117
Cronologia essencial de Padre Pio 119

Paulinas

Rua Dona Inácia Uchoa, 62
04110-020 – São Paulo – SP (Brasil)
Tel.: (11) 2125-3500
paulinas.com.br – editora@paulinas.com.br
Telemarketing e SAC: 0800-7010081